CamiÛn de basura

Para colorear

Coloring Pages for Kids

Coloring Pages for Kids
An imprint of Ciparum LLC

CamiÛn de basura para colorear
© 2017 Ciparum LLC
All rights reserved.
ISBN-10:1-63589-502-2
ISBN-13:978-1-63589-502-5

Coloring Pages for Kids

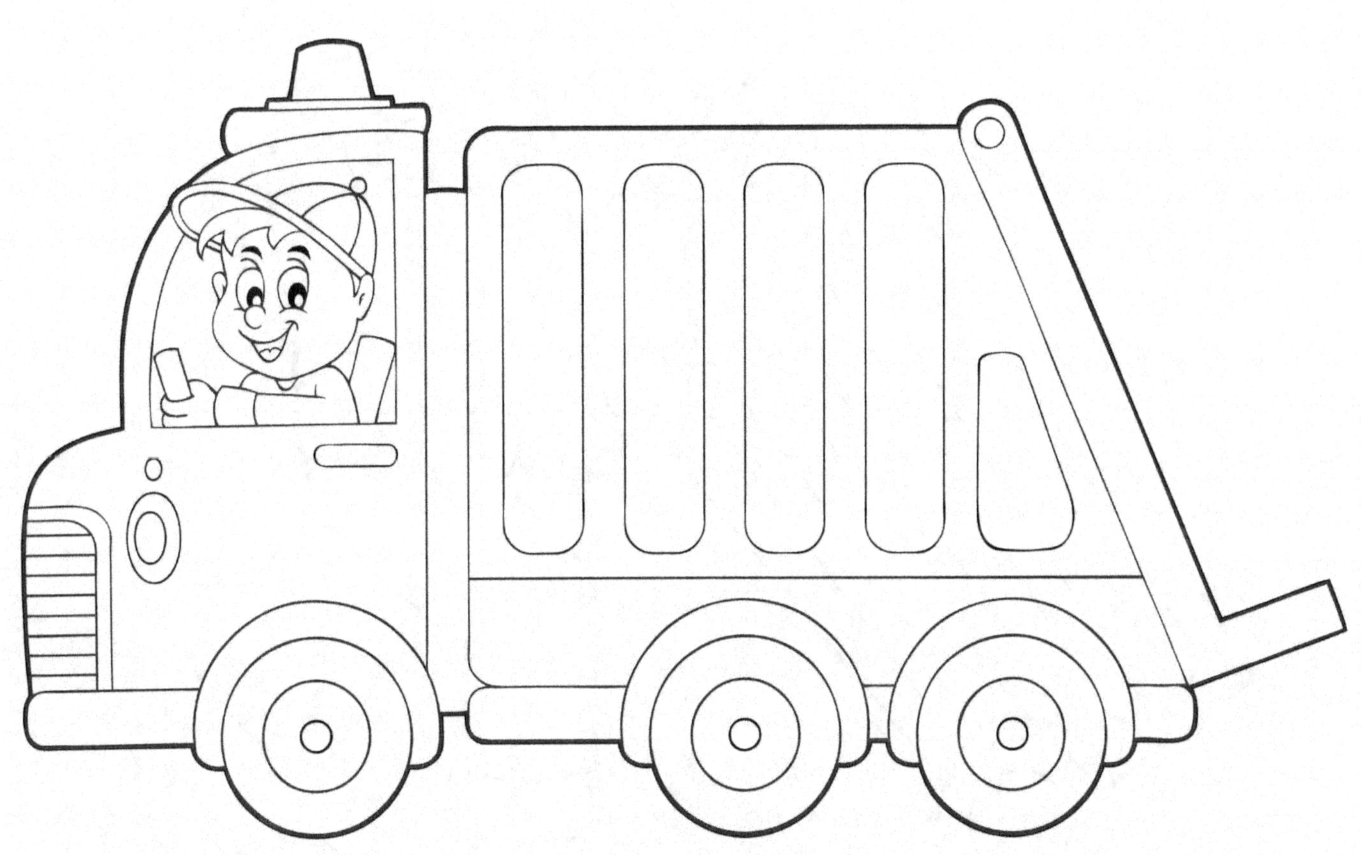

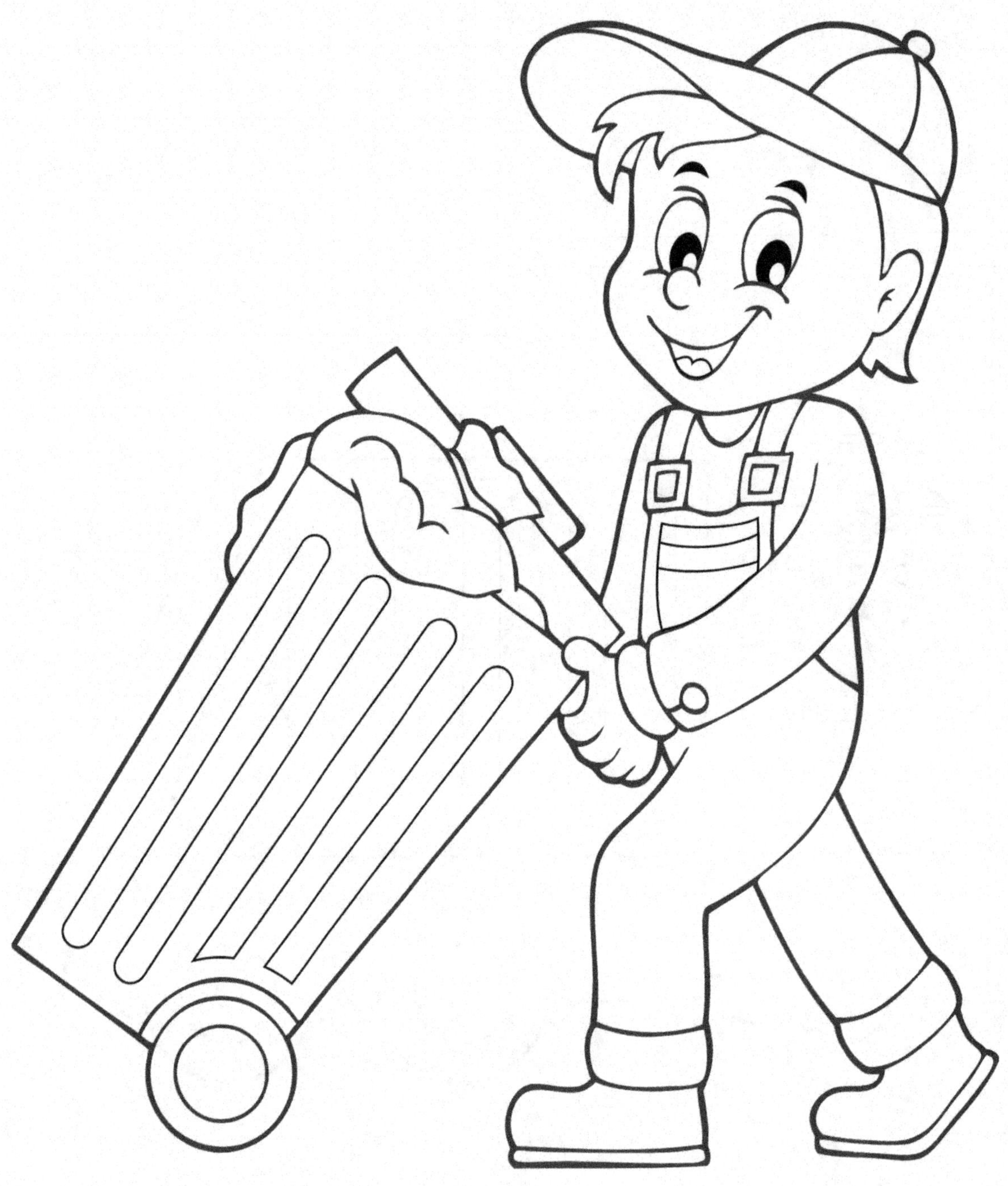

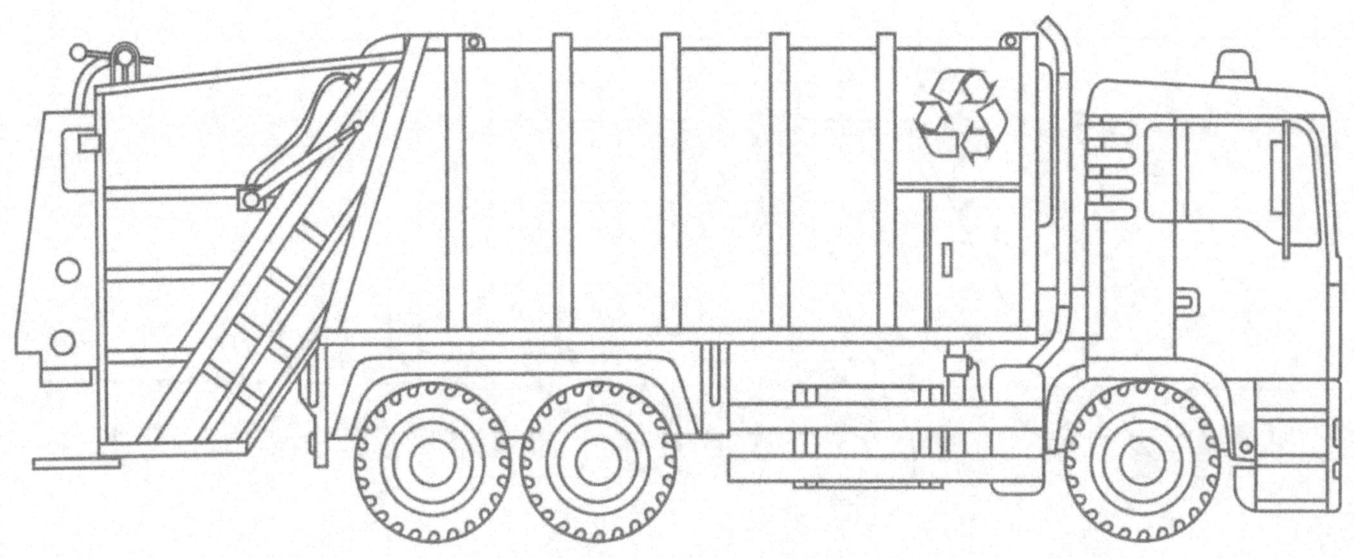

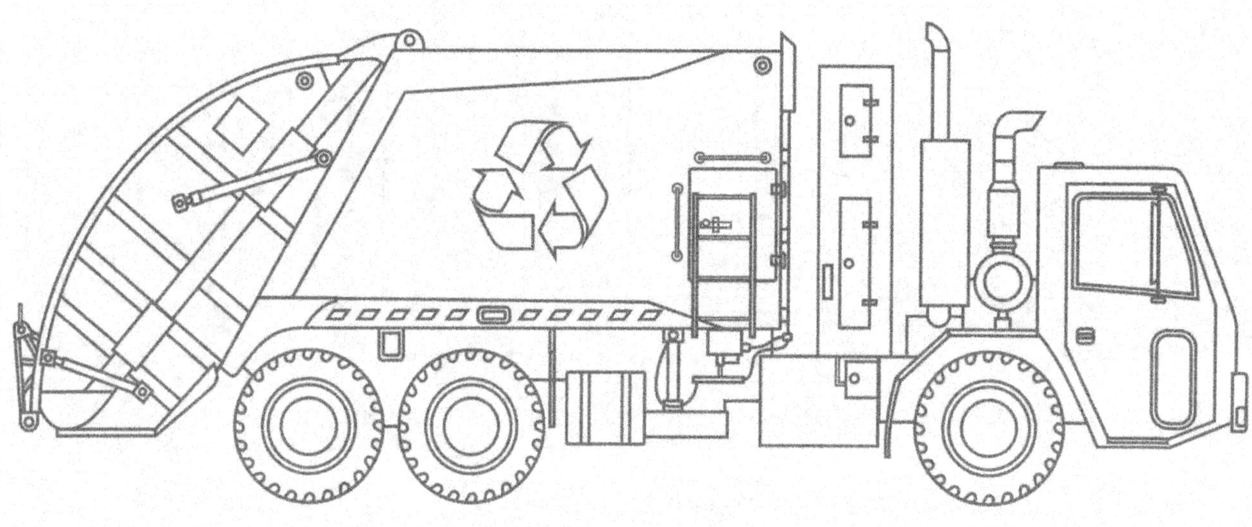

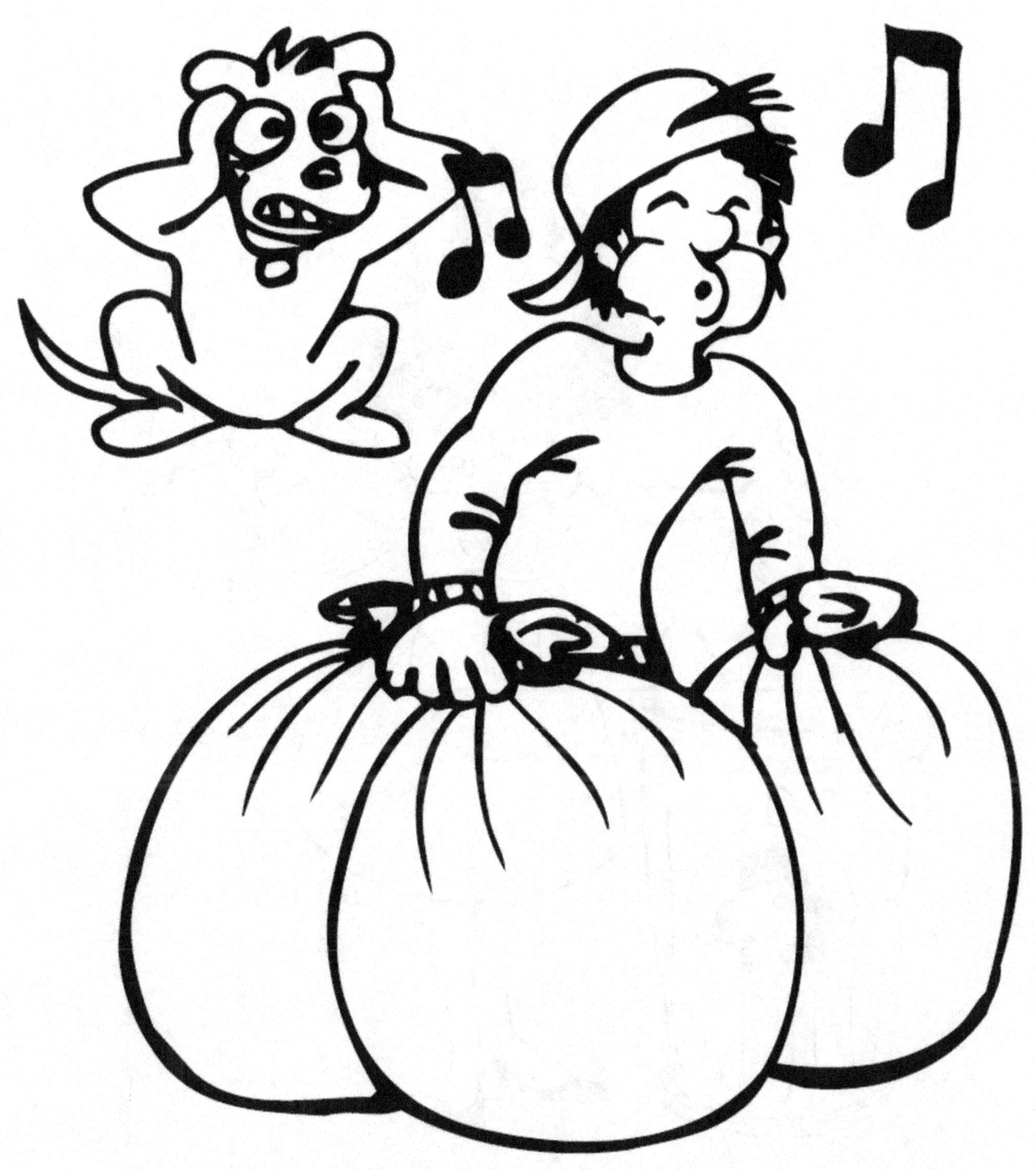

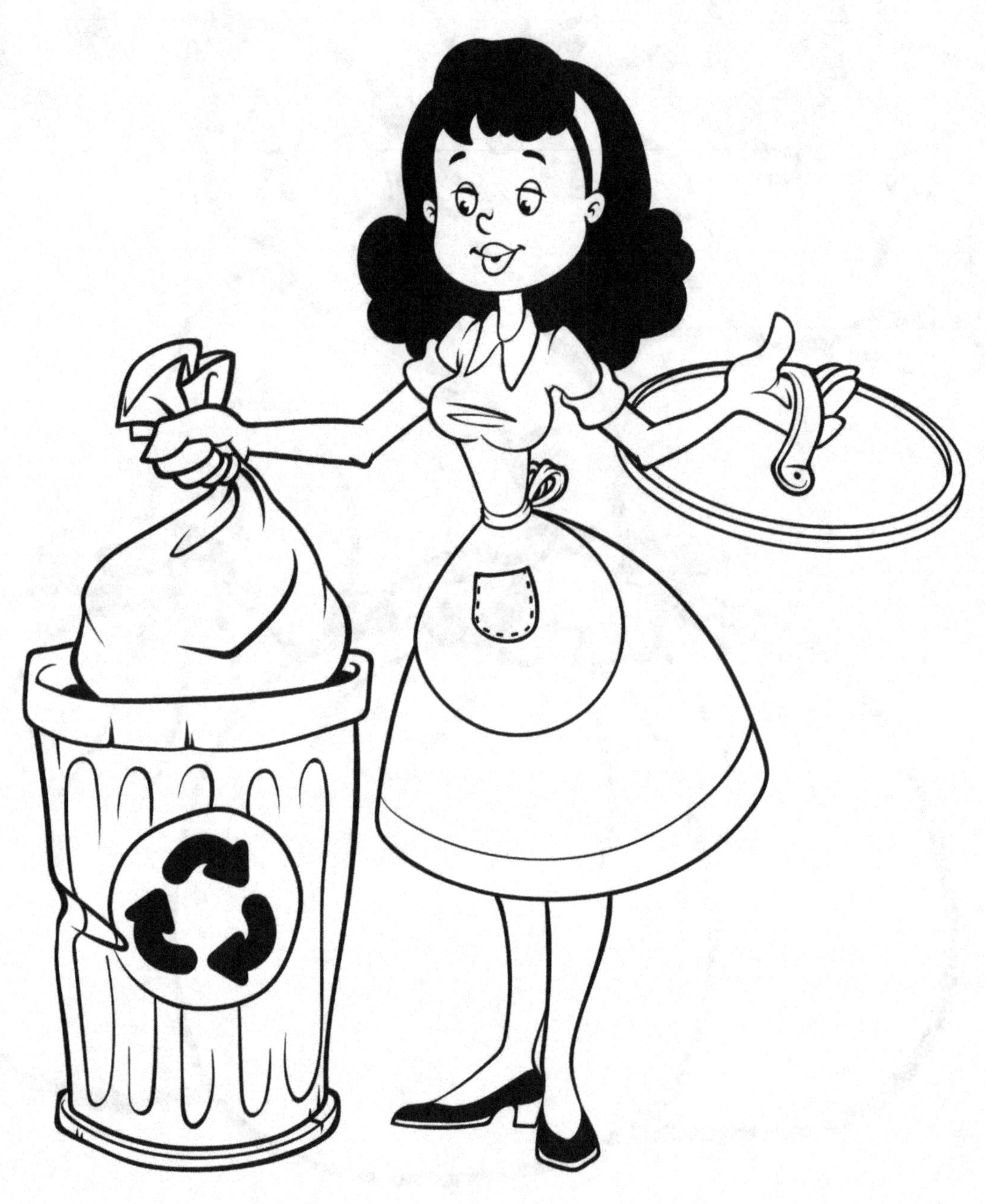

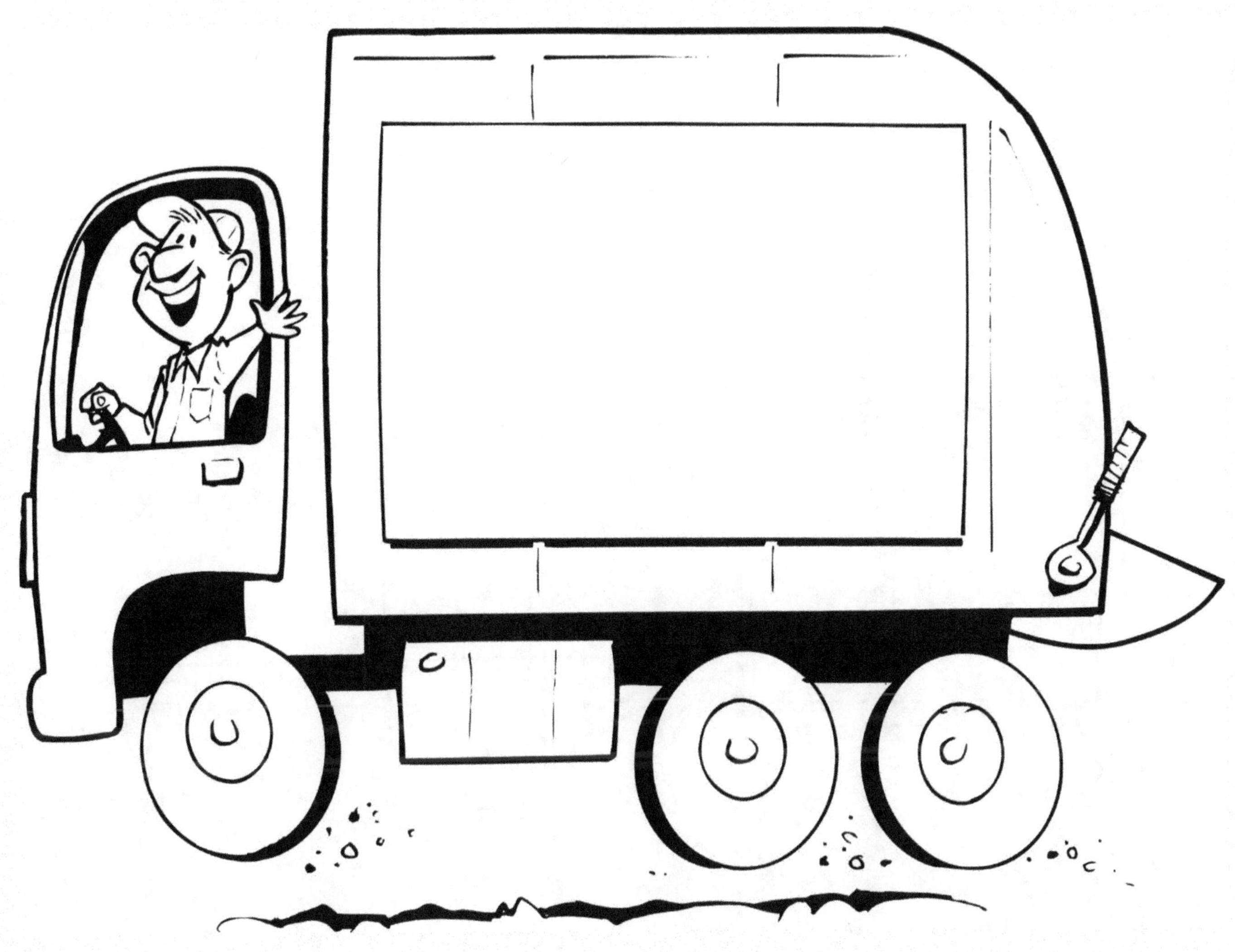

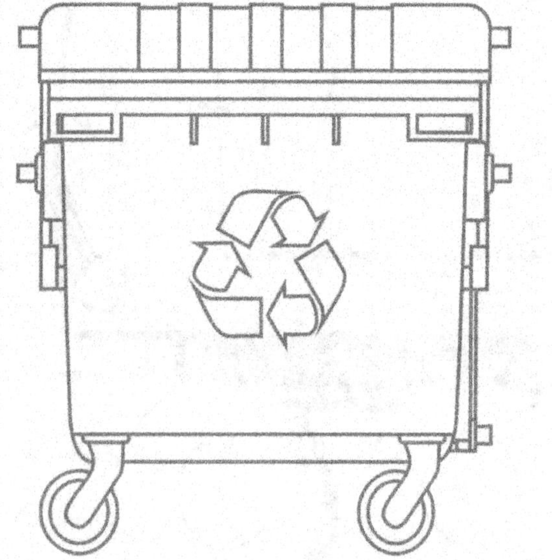
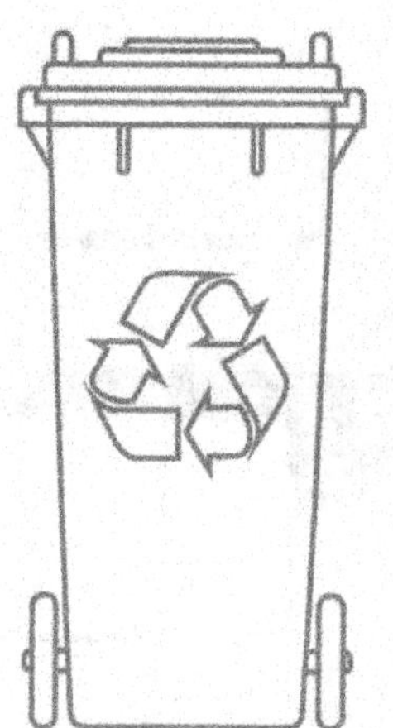
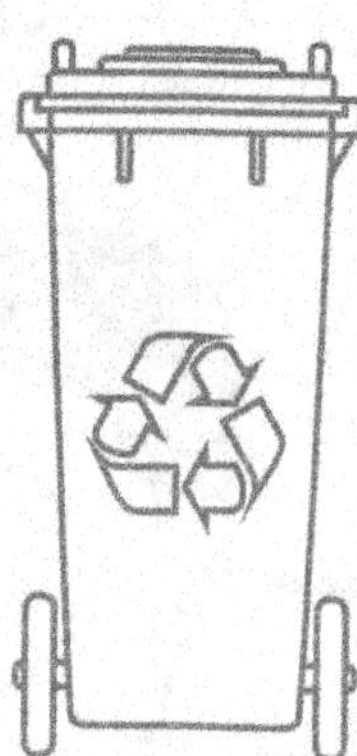

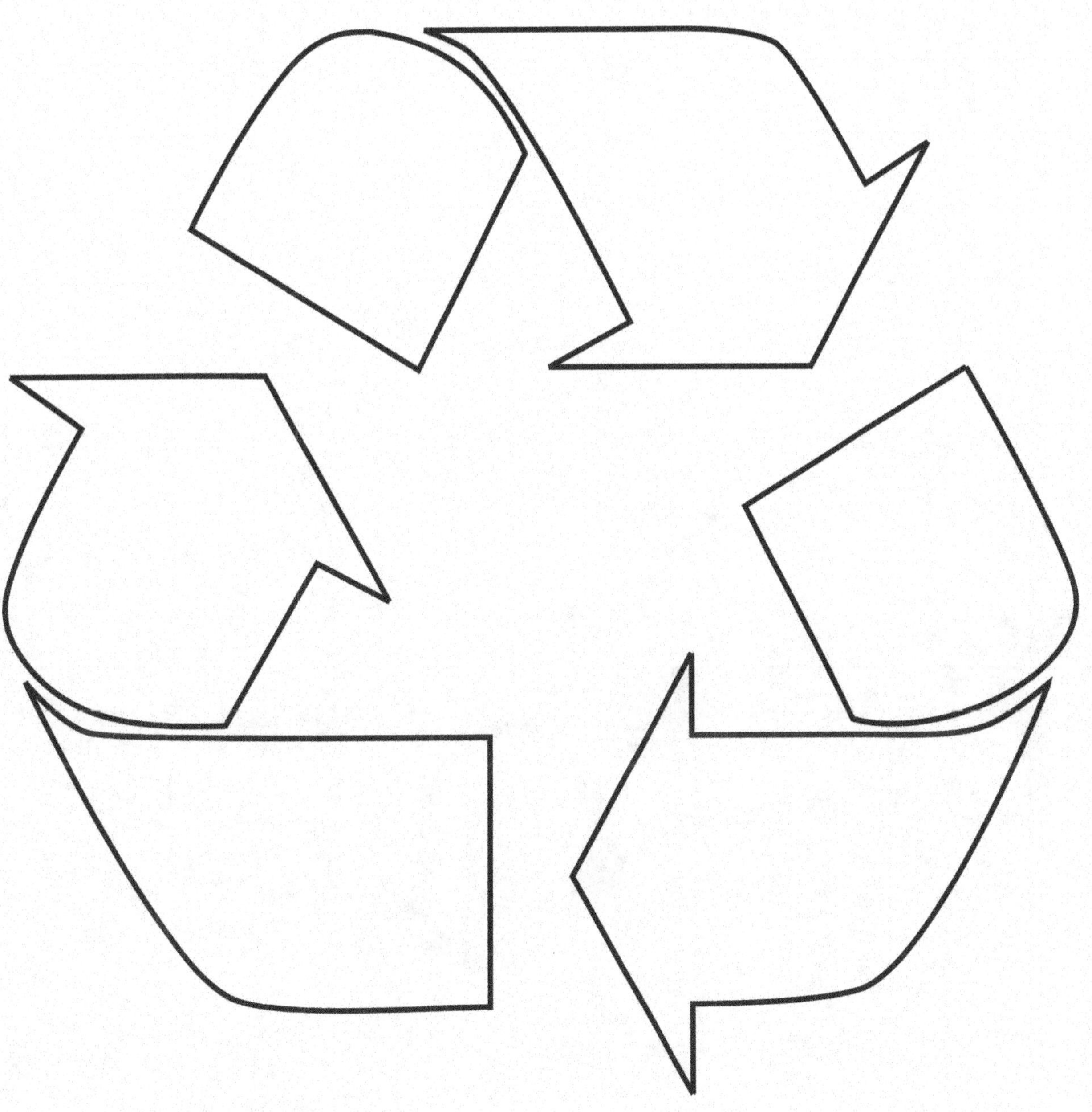

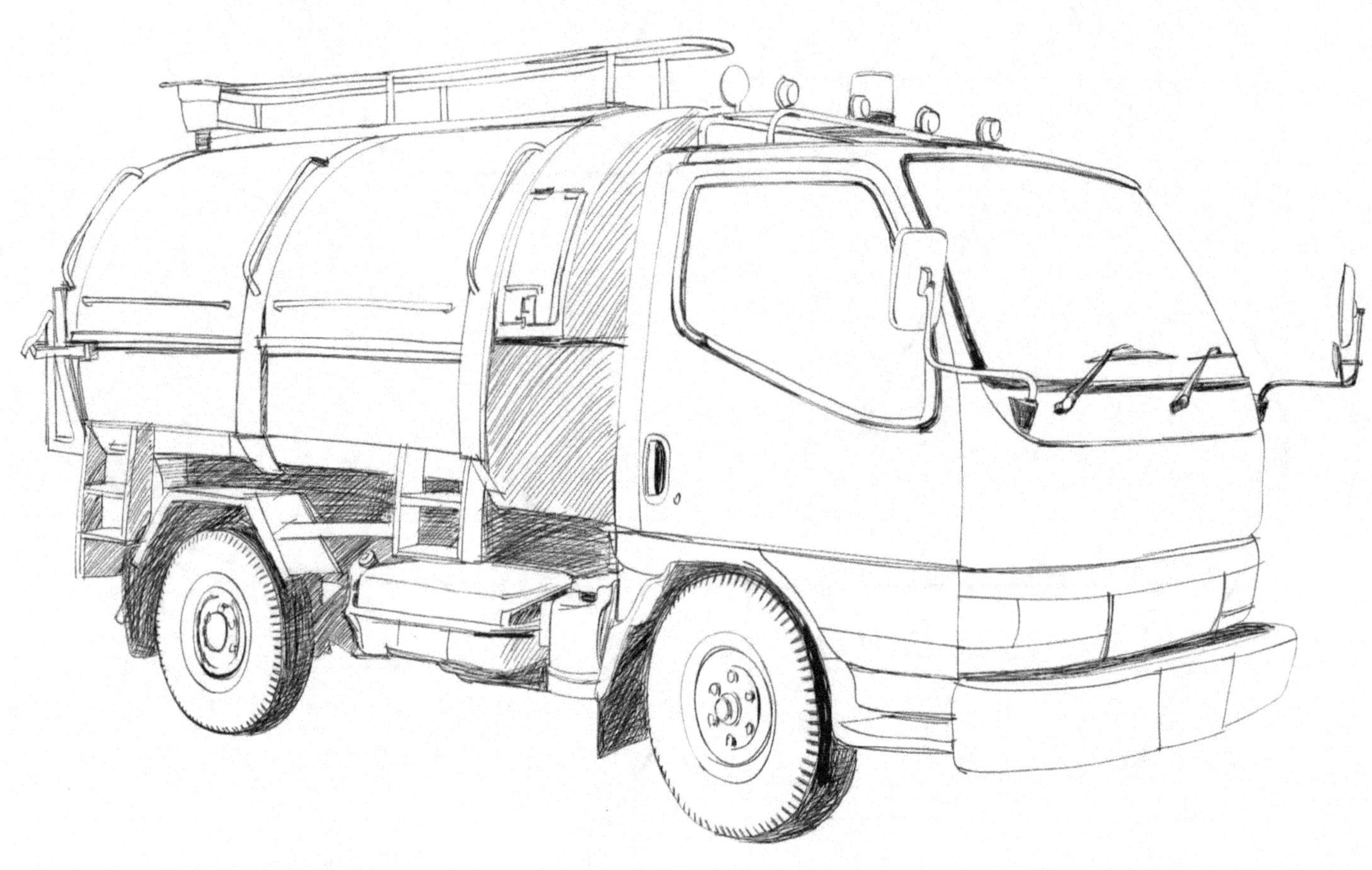

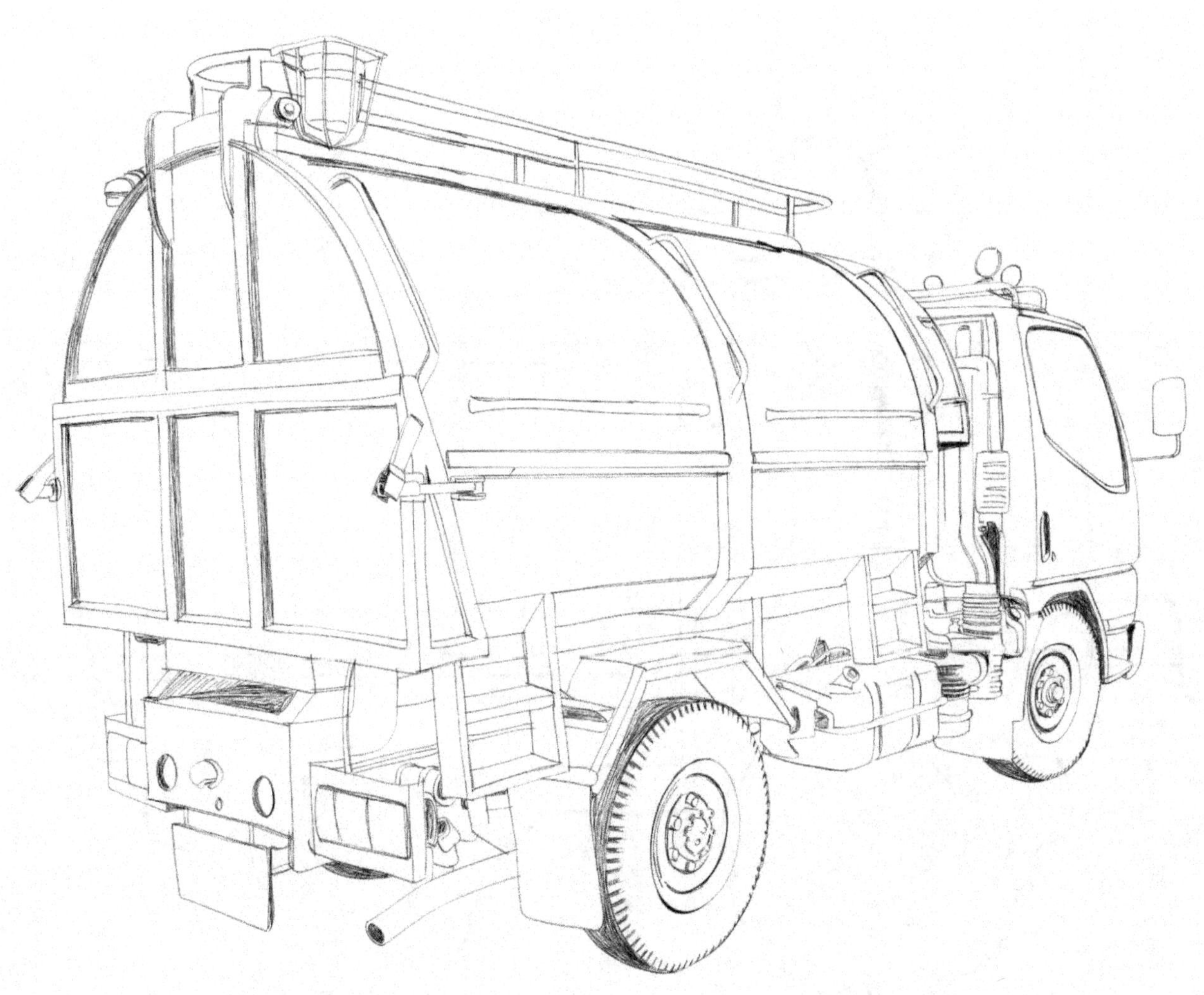

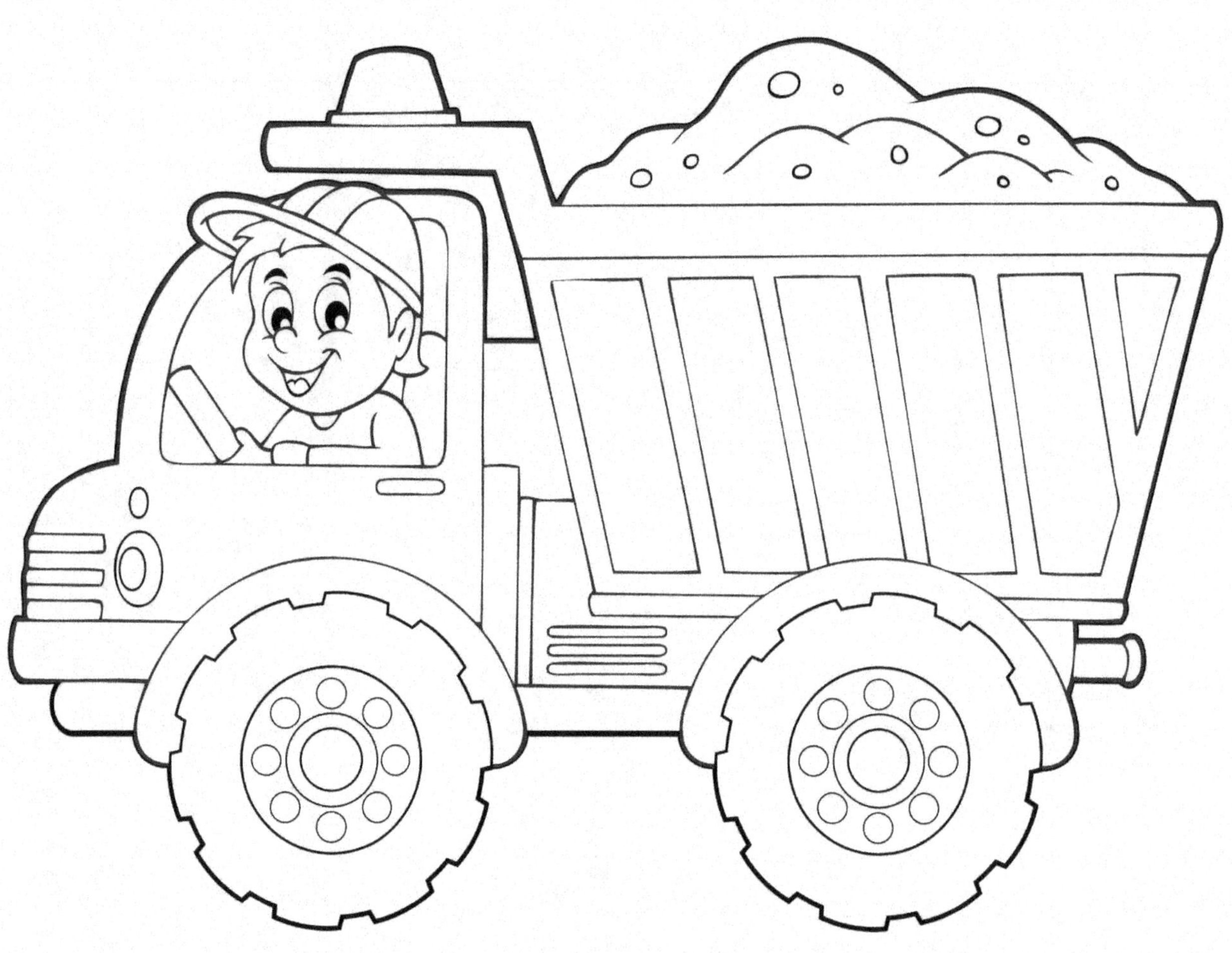

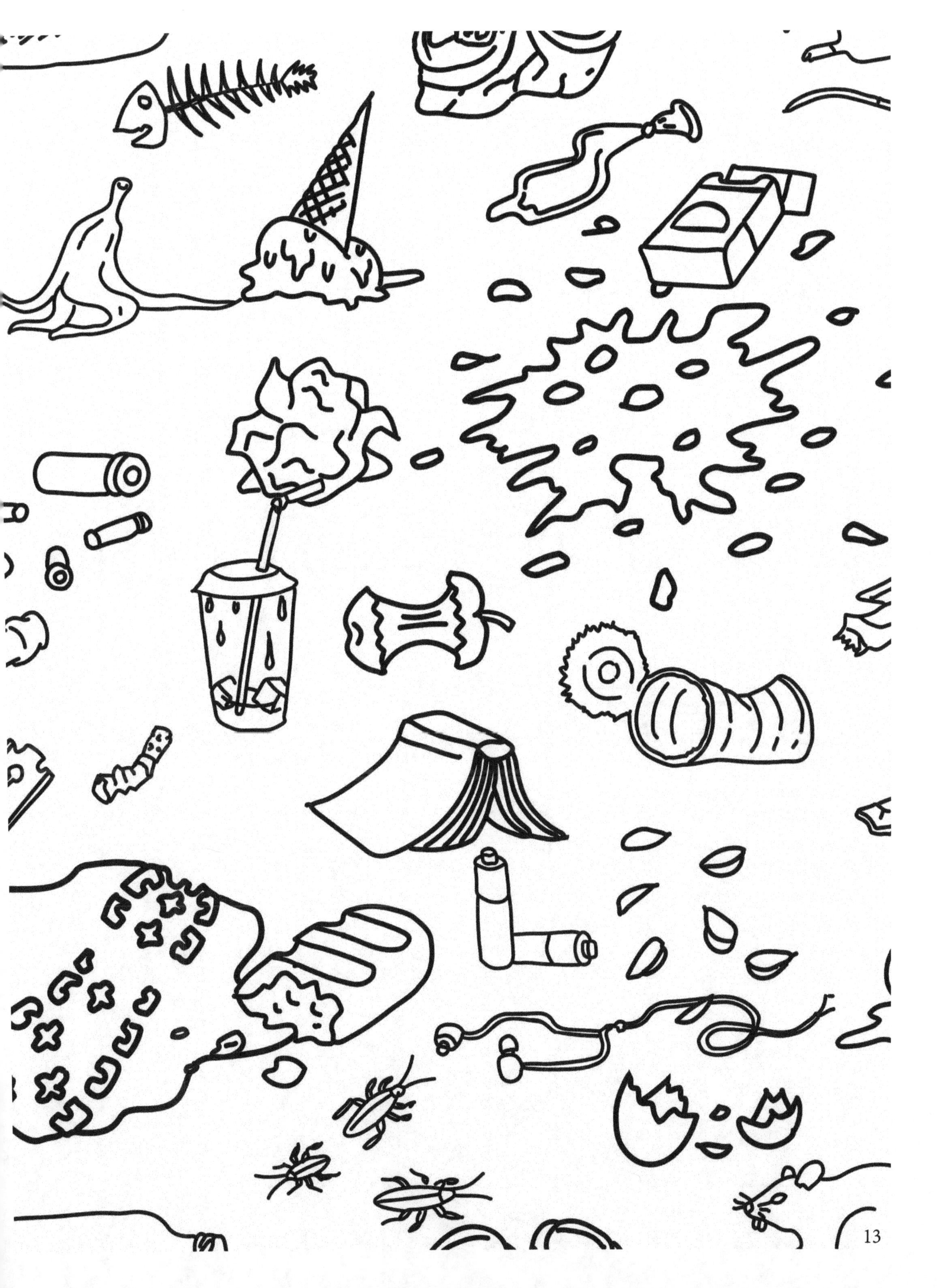

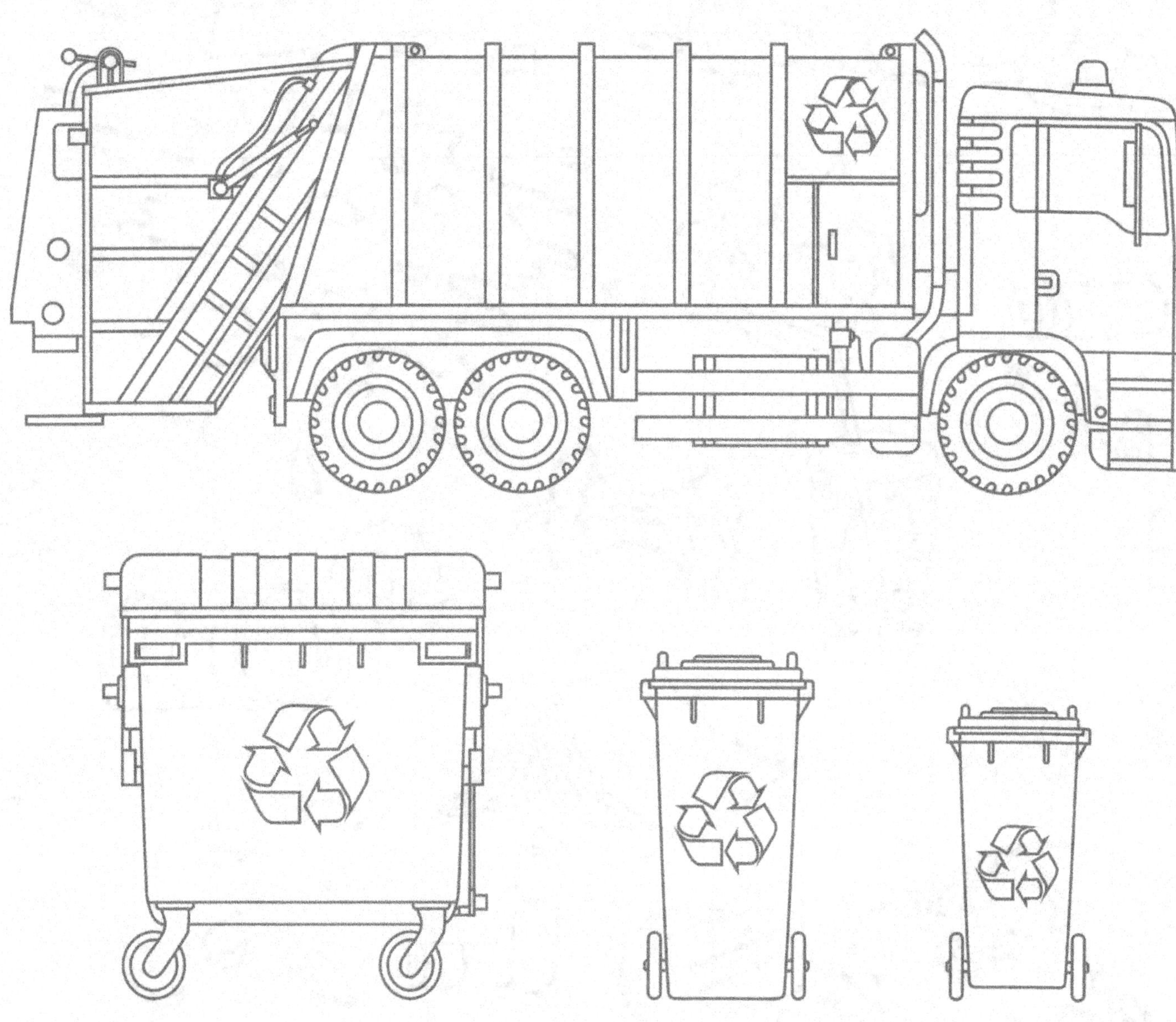

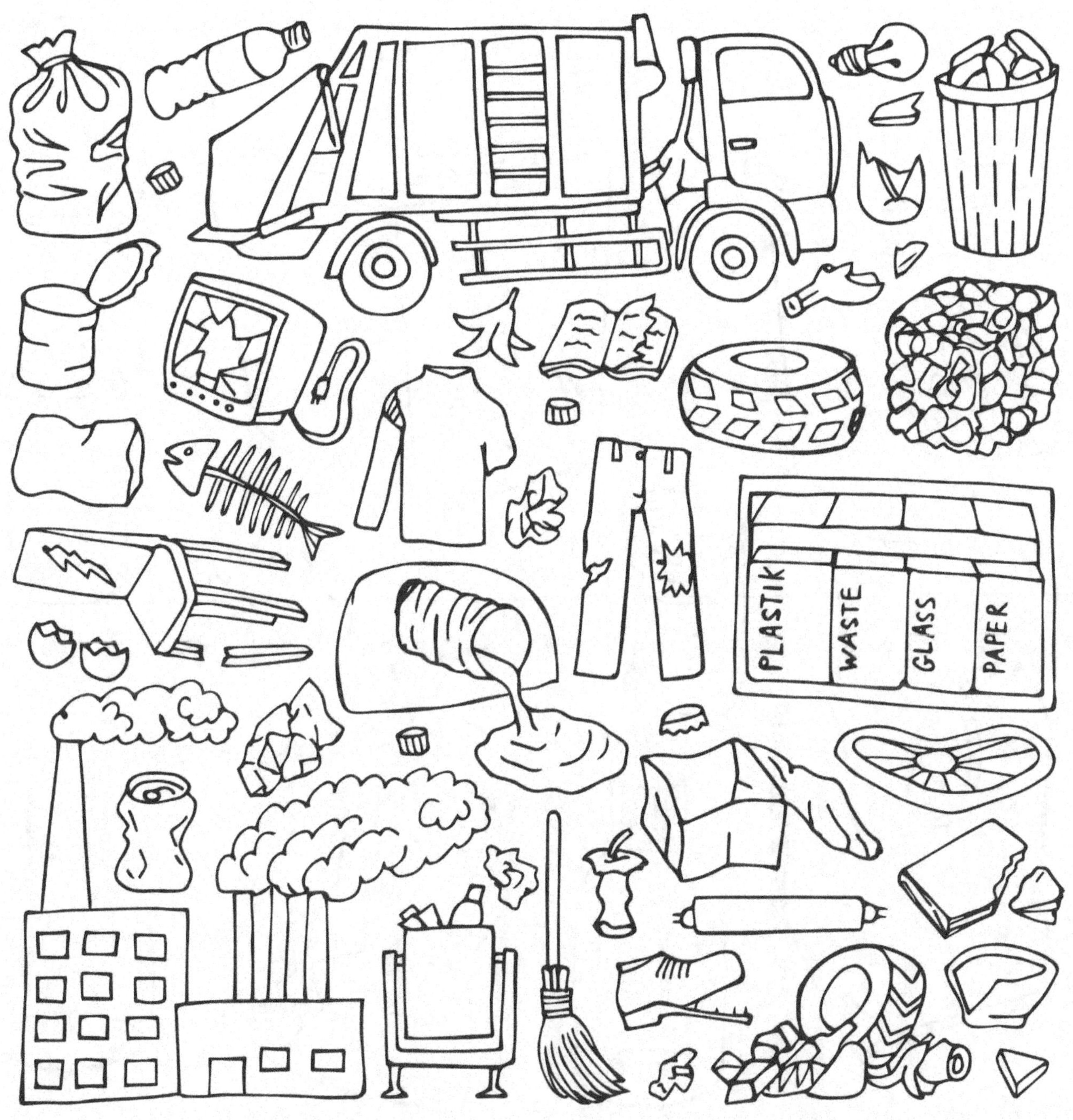
PLASTIK
WASTE
GLASS
PAPER

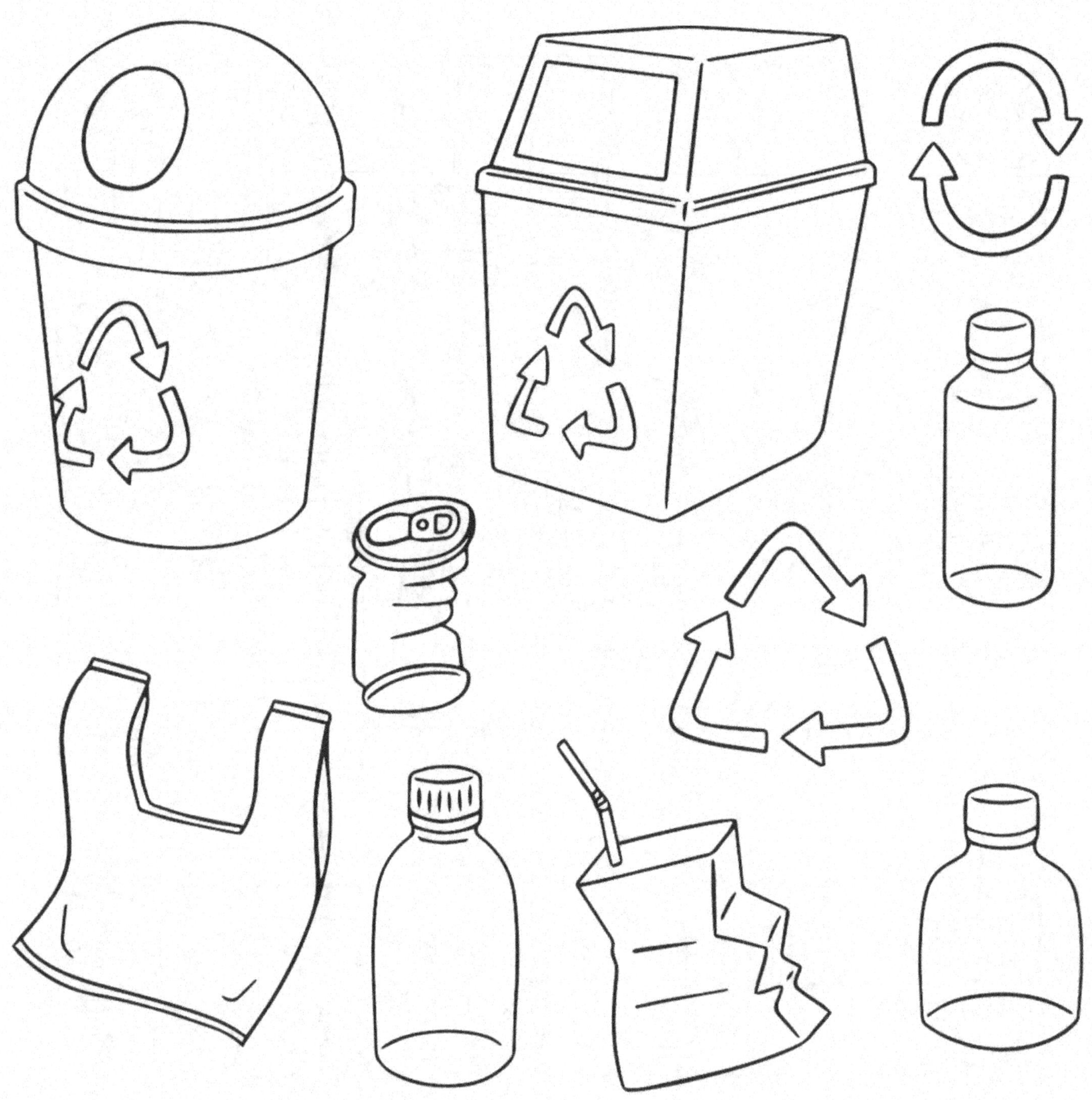

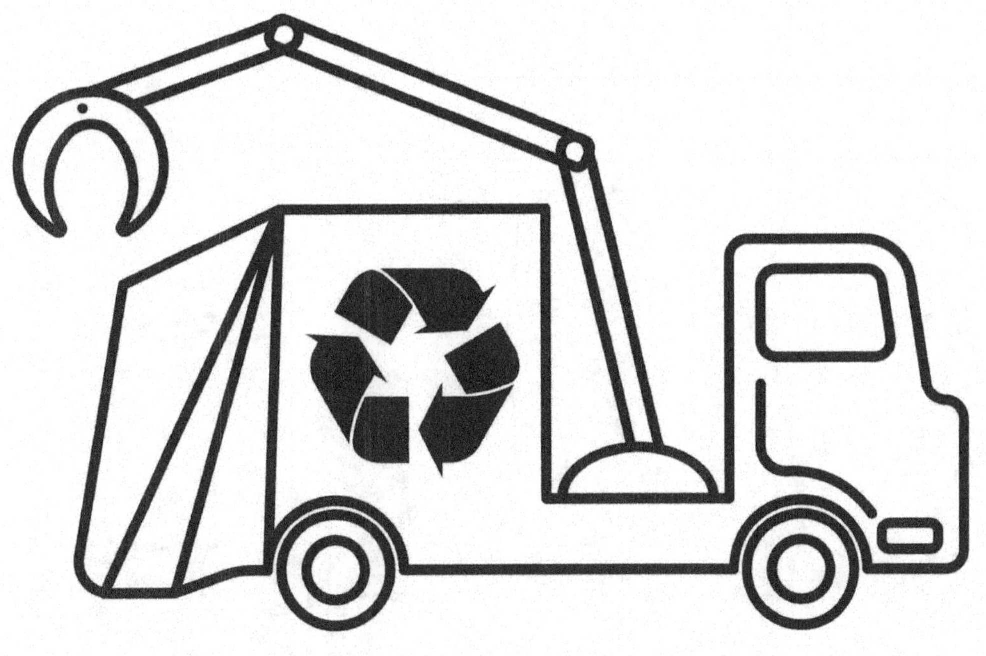

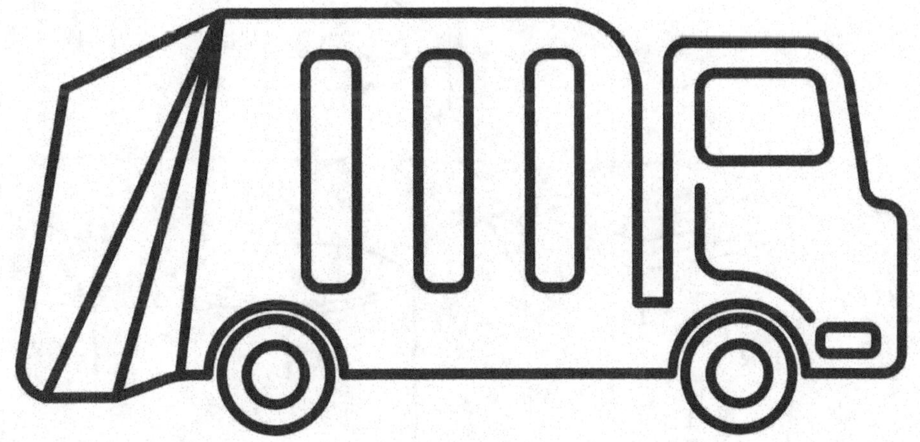

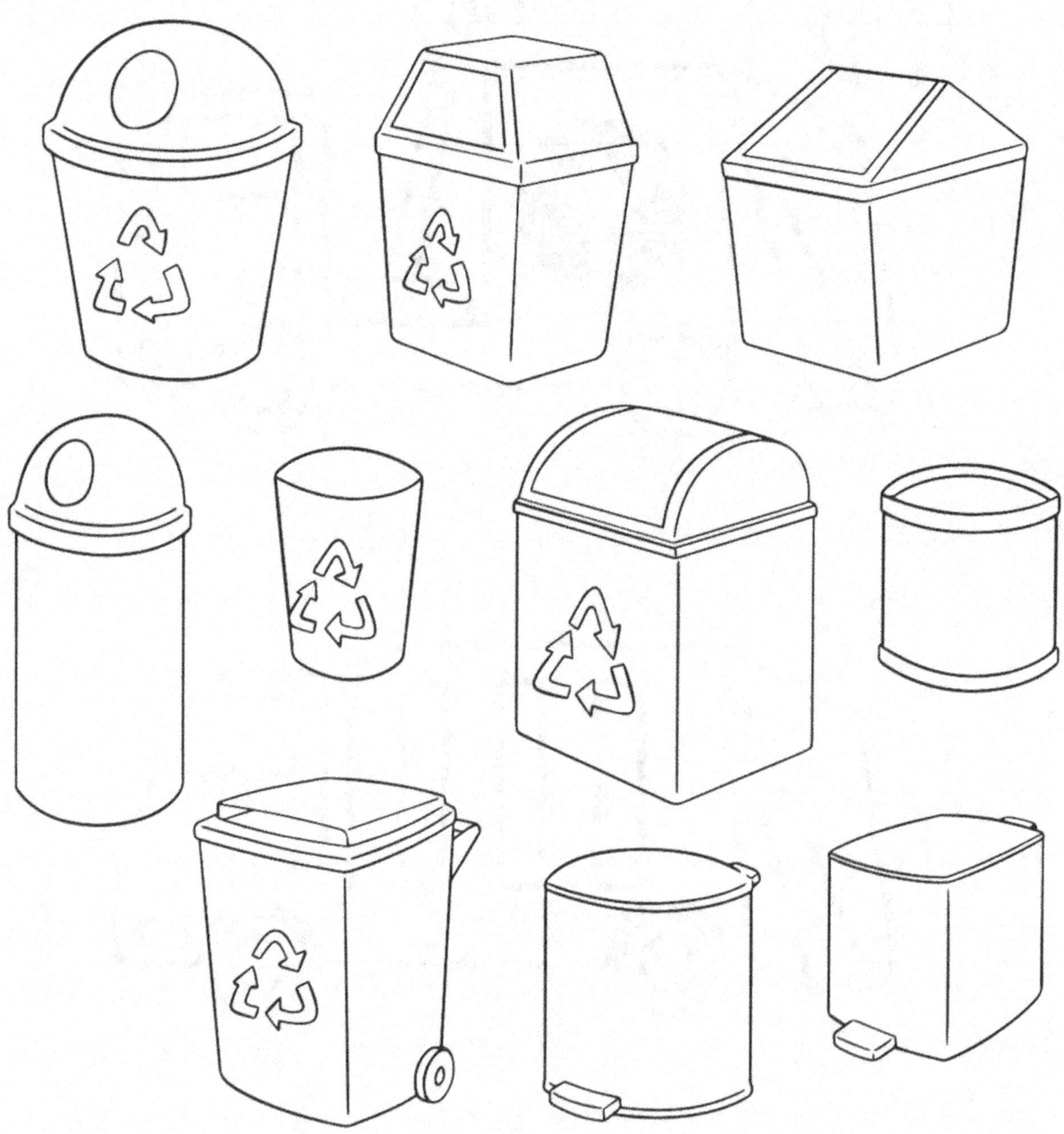

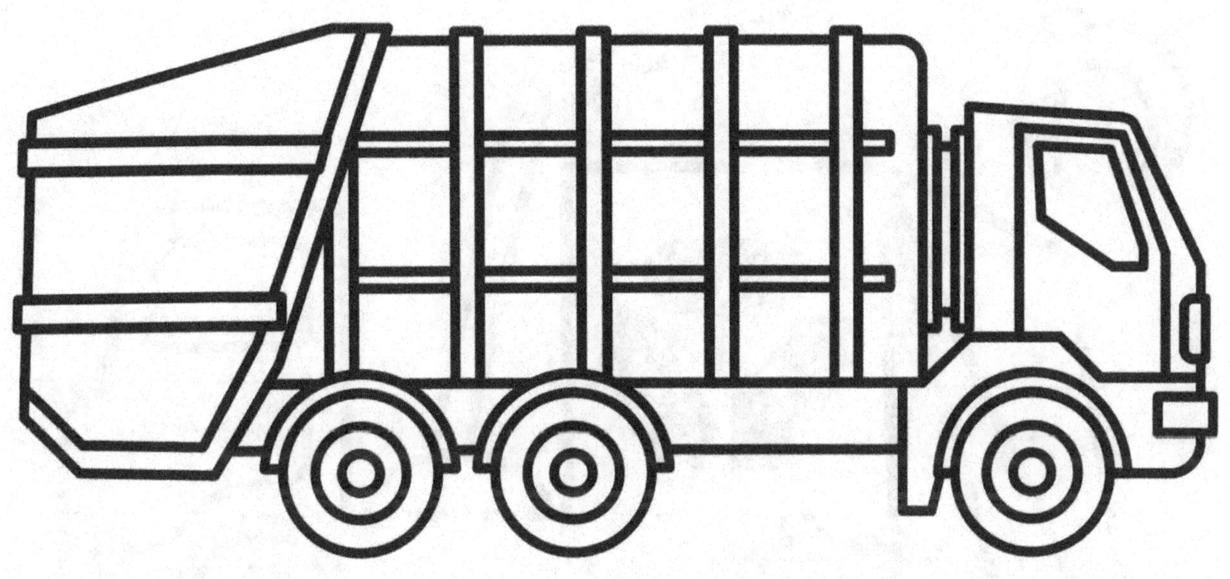

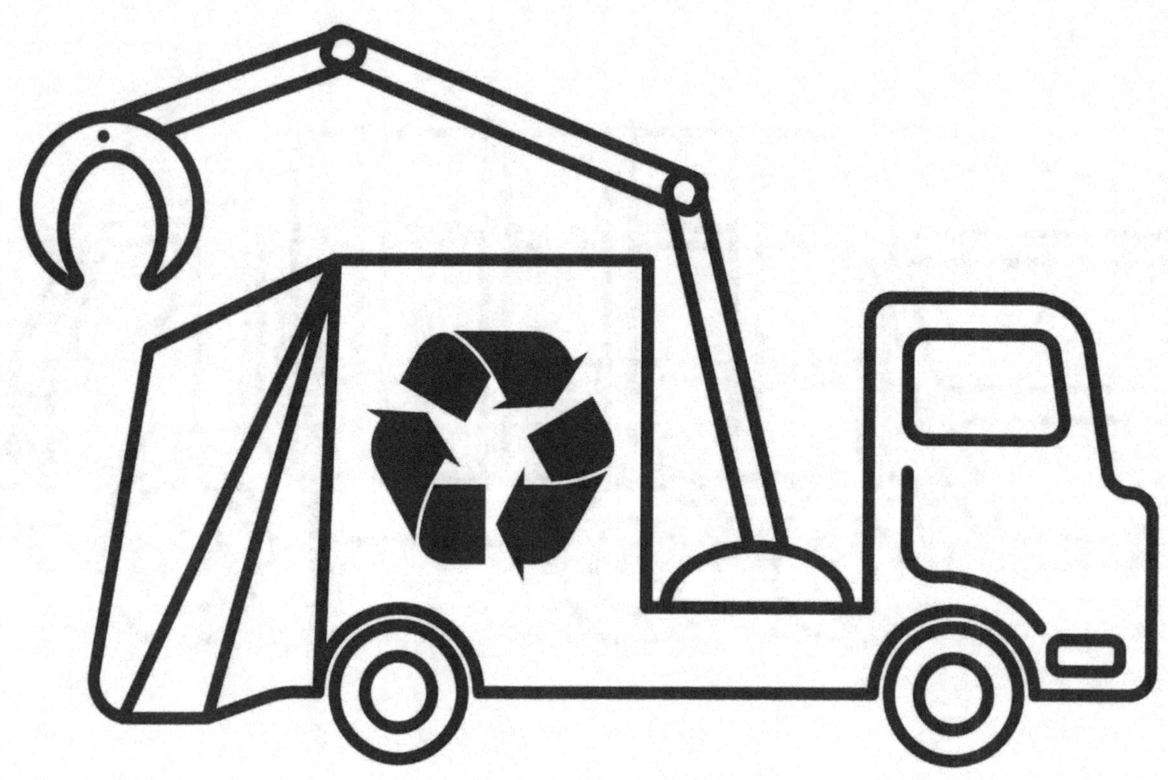

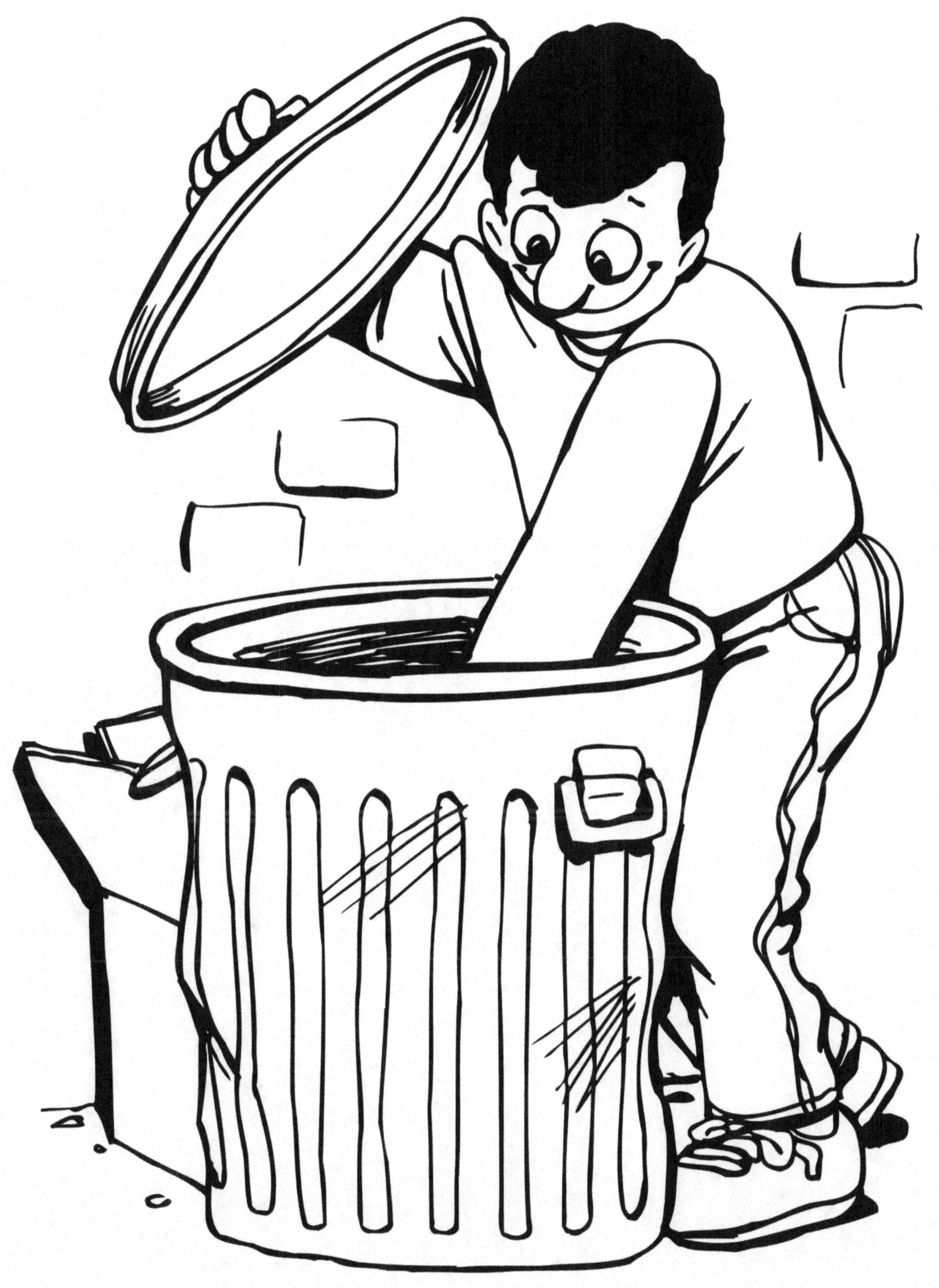

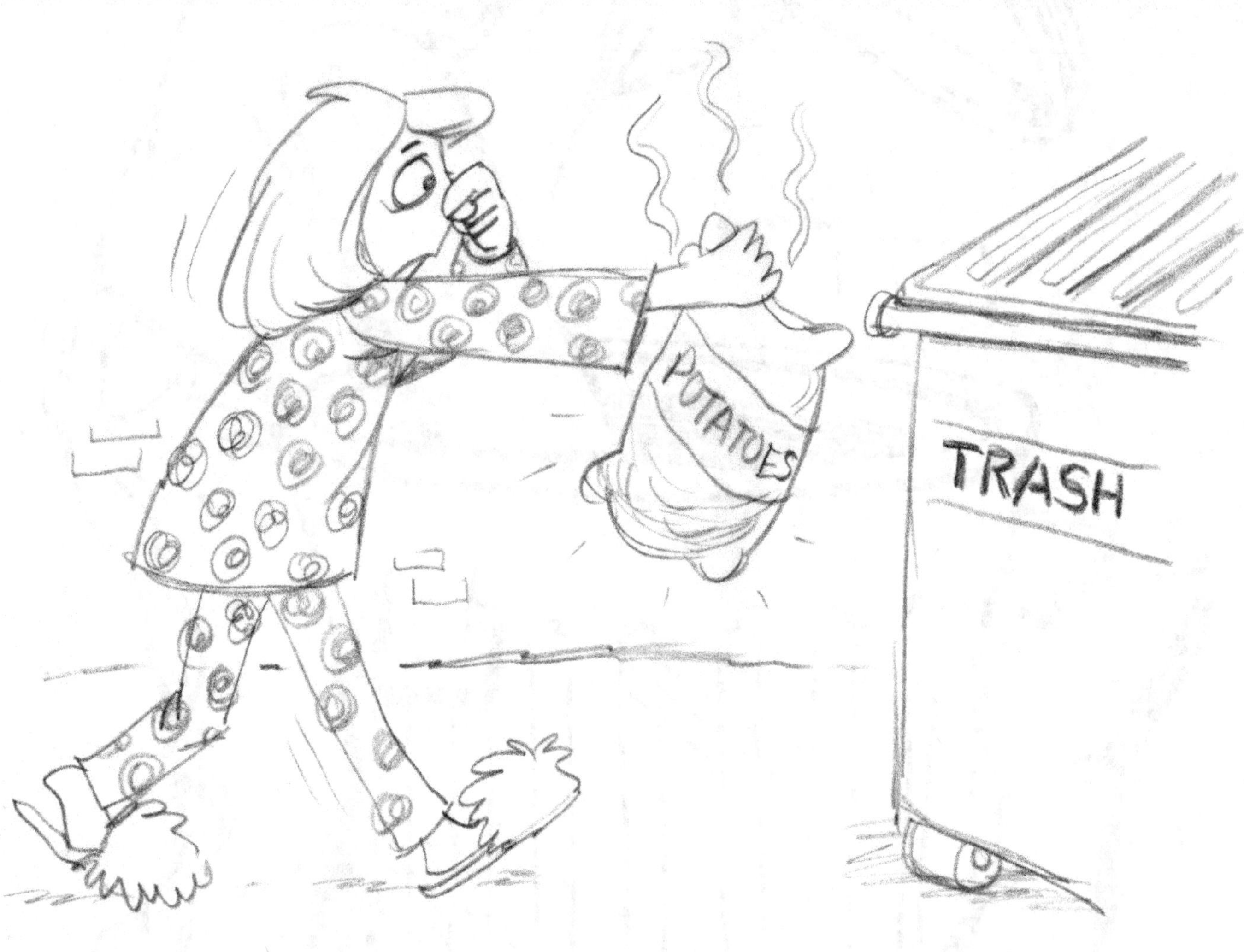
POTATOES
TRASH

www.ingramcontent.com/pod-product-compliance
Lightning Source LLC
Chambersburg PA
CBHW080323030726
47593CB00009B/2860